바다로 나 있는 길

바다로
나
있는
길

사진·글 민영

휴엔스토리

난 쏘다녔지, 터진 주머니에 손 집어넣고
짤막한 외투는 관념적이게 되었지
나는 하늘 아래 나아갔고
시의 여신이여! 그대의 축복이었네

랭보, 〈나의 방랑 생활〉 중

오래전부터 시작되었던 것 같다.

바다를 찾아 헤매던 기억. 그것은 바다를 처음 맞닥뜨렸던 어느 겨울을 시작으로 한다. 어릴 때의 난 바다가 많은 것을 해결해 주리라 믿었다. 검게 넘실거리던 바다, 어떤 깊은 무게처럼 물빛은 심연의 공포로 다가왔고 공기는 싸늘하다 못해 하얗게 박제되어 버린. 내 첫 바다의 기억은 이처럼 단단하고 거세게 들어왔다.

순수한 것들이 불편한 해석과 섞일 때 의도의 본질은 흐려지고 내용은 모순투성이가 되며 생각지도 않았던 변명들은 과거에 주석처럼 달린다. 가령 '환기의 바다'는 존재할 수 없었고, 기억의 바다는 어두운 동굴 속으로 소리 없이 추락한다. 추락하는 밤들이 얼마나 더 계속될지 예측하지 못한 채 떨어지는 밤과 시간의 허공. 발을 디디려 노력할수록 더욱더 멀어지는 발과 발 사이의 온기. 하지만 잊어버려야 한다.

아직 다 못 자란 아이들에겐 나쁜 기억에서부터 멀어져야만
할 필요가 있기 때문에.

귓가에서는 자주 파도 소리가 들렸다. 가끔 그 소리가 멈출
땐 실제의 바다를 찾아 떠나곤 했다. 바다에 가기 위해 기차
를 타고 기차가 달리는 몇 시간 동안에의 난 자연스럽게 스
스로 명상가가 된다. 미세한 떨림은 바다 내음이 나기 시작할
때부터 강해지다가 눈앞의 파도를 소리로 마주할 때 비로소
안정을 찾는다. 시선을 어디 둘지 크게 신경 쓰지 않아도 되
는 높은 바다의 수평선. 태양에 작열하는 금빛 물 싸라기들이
여기저기 흩어지고 다시 피어올랐다가 간혹 가슴팍에서 출
렁이는 시간. 하염없이 바다와 만나다 보면 어느새 바라본다
는 행위 자체만으로 카타르시스를 느낀다. '바라보다'

그렇게 바다는 바라만 보아도
위로가 되는 대상으로 다가왔다.
다만 본다는 그 자체만으로.

그리고 이제, 낯선 기억의 어느 공간, 인도의 바다를 보러 떠난다. 나는 인도에 관한 몇몇 꿈들을 학창 시절부터 꾸었다. 그것은 작고 여린 미세한 북소리를 시작으로 했다. 한 번도 들어본 적 없는 묵직한 울림, 꿈속에서 횡횡하던 소리는 일상에 이명耳鳴처럼 따라다녔다. 언젠가는 가 보아야지. 인도. 하지만 인도를 직접 간다는 것은 왠지 매우 조심스러웠다. 아마 어쩌면 그곳에 가면 돌아오지 못할 거라는 이상한 직감 때문이었을지도 모른다.

그래서 남겨두었다. 인도를.

내가 할 수 있는 다른 여행이 모두 끝난 후 가는 마지막 종착지로. 그때가 되면 백발의 노인이거나 만신창이가 된 남루한 표정의 한 여자일 거라는 다소 쓸쓸한 상상을 하면서.

contents

첫사랑을 잃었다.

엄밀히 말하면 사라져 버렸다. 단 한 번도 사랑하지 않을 수 없었던 지난 십몇 년간의 시간을 고스란히 남겨둔 채로. 우리의 약속은 물거품이 되었다. 바다에서 태어나 스무 해가 지나도록 바다를 한 번도 떠나지 못했던 남자. 그는 나를 기다렸고 나도 그를 기다렸지만, 우리는 결국 아무것도 함께 할 수 없었다. 어쩌면 살아내려는 각자의 무게가 벅차서일지도 모른다. 거기에 또 어쩌면 우리의 깊은 사랑이 서로가 너무나 모르게 난도질당했던 걸지도.

오지 않는 메신저에 글들을 흘려보내고 없어져 버린 전화번호의 이름을 우리가 기억하는 몇 가지 어휘들로 바꿔 가기도 하면서 오롯이 그를 기다렸던 시간. 그 시간이 지나면 신을 만나러 인도에 가기로 했다. 우리가 매번 기다렸지만 한 번도 하지 못한 길고 긴 자유의 여행을 가슴 속에 홀로 품고서.

기억 속에
품은
빛

지금이 아니면 안 될 것 같았고
지금을 살 수 있다면
그다음은 어떻게든
살아갈 수 있을 것 같았다.
닿고자 하는 자리가 지금
더 높이 있다면
그것은 언젠가 가서
닿을 수 있으리라 여긴 것이다.

델리에서 코치로 가는 비행기를 갈아타기 위해 남은 몇 시간을 공항에서 기다려야 했다. 새벽이었고 오는 내내 자다 깨길 반복했던 탓에 피로함이 덕지덕지 몸에 붙어 있었다. 일단 누워 잠이라도 자야겠다. 둘러보니 이곳엔 누울 수 있도록 마련된 수면 침대 수준의 의자가 곳곳에 있다. 새벽 시간이므로 사람들이 그리 많지는 않았다. 구석진 공간의 가장 끝에 있는 의자로 가 잠을 청해 본다. 뒤척거리며 조금 이따 보니 단정한 인상의 나이 든 아주머니가 바로 내 옆으로 와 긴 다리를 길게 뻗고 눕는다. 언뜻 잠이 들 뻔했던 나는 쓰고 있던 모자 챙 사이로 그녀의 모습을 확인한 후 다시 눈을 감는다. 왠지 모를 편안함이 감각적으로 스미며 주변에 포진해 있던 낯선 소리가 들리기 시작한다. 몰랐는데 줄곧 인도의 신명 나는 음악도 흘러나오고 있었다.

코치 공항에 내리자마자 느껴지는 후덥지근함. 긴소매를 입은 채로 우선은 여행자 거리인 포트코친으로 가야만 한다. 다행히 물어물어 공항에서 바로 가는 에어컨 버스를 탈 수 있었다.

여기가 '포트코친'인가요?

물음표로부터 시작되는 여행은 나에 대한
질문을 외부로부터 물어 나름대로 방식으
로 답을 찾아가는 행위다. 버스에서 내려
어떤 낯선 공간에 잠시 멈추어 서 본다. 아
무것도 하지 않고 다만 시간의 공기를 느
끼기 위해서. 훅하고 매캐하고 비릿한 냄새
가 들어온다. 염소와 소똥 외에 가까운 해
변에서 올라오는 것이다. 가만히 오래 있을
수는 없어서 숙소를 찾아 자리를 옮겼다.
몇백 년은 자라왔을 나무들이 즐비하다. 야
생적인 나무와 시끄러운 오토바이, 인도의
주요 교통수단인 오토릭샤들이 쉬지 않고
왔다 갔다 한다. 짐을 풀고 씻은 다음 바다
를 찾아가야지. 파도 소리를 들으면 부족한
수면과 예상에서 벗어난 낯선 풍경의 충격
이 많은 부분 회복될 수 있으리라 여기며.

바다로 향하는 내 발걸음은 단순한 기대에 불과했다. 우리가 늘 보던 색색의 바다 중 하나를 상상했으니까. 그러나 포트코친은 그런 예상을 완전히 뒤집었다. 떠밀려 온 쓰레기와 물고기들, 엄청난 수의 까마귀와 때가 벗겨지지 않을 것만 같은 배들이 인도에서 처음 마주한 바다의 풍경이다. 이런 깨끗하지 않은 해변이지만 뜻밖에 사람은 많았다. 코친항을 상징하는 중국식 어망은 망망한 바다에 여기저기 흩어져 미묘한 조화를 이루었다. 현지인들뿐 아니라 많은 여행자가 환하지만은 않은 표정으로 혼자 혹은 둘 그 이상씩 바닷가 언저리를 쏘다니고 있다.

오히려 마음을 가라앉혀야만 했다.

여기서 후회하면 내 모든 여행이 실패할 것 같았다.

과거로부터 비롯된 기다림의 시간이 지금을 거쳐 미래로

망연하게 흘러가 버린다면 견디기 어려울 테니까.

아름다운 것만을 보러 온 것이 아니라는 걸 자각하는 거다. 그런 면에서 이 바다는 완전히 새로운 메타포로 다가온다. 오랜 시간 어부들은 생활자로 자리했고, 세계 곳곳의 여행자들은 끊임없이 찾아오고 있으며, 저 바다에서 잡은 갖가지 생선들로 레스토랑은 성업 중이고, 인도에서 가장 큰 골동품 거리인 유대인 마을이 있다. 실제로 유대인 집단 거주 지역이었던 이곳은 곳곳에 골동품이나 다양한 잡화를 파는 공간이 꽤 많이 몰려 있다. 꼭 바다에 초점을 맞출 것만이 아니라면 전체적으로 매우 활기차고 생동감 있으며 관광지 특유의 정취가 물씬 풍기는 작은 마을처럼 여겨질 만하다.

길지 않은 동네를 한 바퀴 돌아 다
시 해변으로 왔다.
40도가 넘는 기온의 땡볕에 바다를
마주하고 갈 수 있을 때까지 걸어
본다. 이미 죽은 걸 잡아 올린 것만
같은 생선들을 진열한 채 호객 행위
를 하는 몇몇 레스토랑 주인장들과
자주 눈이 마주치면서.

나는 인도에 미소로 만든 얼굴을 띄워 보내 본다.
왠지 그냥 웃어도 될 것만 같아서다.
시큰한 바다 냄새가 뜨거운 대지의 시간 속에서
나름대로 운율을 만들어 내기 시작하며
여행은 또 다른 즐거움을 잉태한다.

포트코친에서 페리를 타고 10분 정도 나가면 '에르나꿀람'이다. 이곳에서는 다양한 워터 투어 및 유람선을 개인 혹은 단체로 이용할 수 있다. 페리 선착장에서부터 이어지는 길은 가지런하게 바다를 끼고 쭉 펼쳐졌다. 나는 유람선 투어를 신청할 수 있는 곳을 찾아다니다 결국은 오늘의 인원수가 모두 채워지지 않아 앞으로의 운행 배편은 없다는 소식을 접했다. 시간은 석양을 향해 달리고 있고, 지금 배를 타고 한 바퀴 돌지 않으면 아쉬움이 남을 거다. 땀을 삐질삐질 흘리며 어떻게든 이용 가능한 배편을 찾아다녔다. 다행스럽게도 많은 종류의 유람선과 배 중 인도인 몇몇이 흥정을 해서 타기로 결정된 것에 합승할 수 있었다.

나는 한적한 오솔길을 걷는다는 느낌으로
11월 여름의 석양빛을 마주하며
희뿌연 물길의 미미한 체온을 놓치지 않고
기억의 어딘가에 새겨 넣는다.
아마 이 시간이 모두 지나간 후에
견딜 수 없는 무언가가
불현듯 찾아올지도 모른다는 차가운 예감을 하면서.

그리고 그럴 때 물 위의 한 때를
잃어버린 공간에 채워 갈 수 있기를
희망하면서.

해가 저물기 시작하자

망망대해 곳곳에 거대한 어망들이

조용히 닻을 내린다.

상상의
바다

파도 소리를 들으면 괜찮을 것이다.
자주 그랬듯 밀려오는
파도의 소리만으로
나는 곧 이 생애서의 슬픔을
잊어버렸다 착각할 수도
있을 것이다.

세컨드 슬리퍼라는 열악하며 좁은 공간인 기차 칸에서 짐들을 포개 무릎 앞으로 감싸 안고 5시간 이상을 '바르갈라'로 향해 달린다. 창문의 유리는 원래부터 있을 필요가 없었다는 듯 사이드 칸칸이 모두 뚫려 있고 바람은 거침없이 안으로 스민다. 여름이므로 이 바람은 매우 달콤하다. 단단한 철제 의자도 경험의 일부인 양 낭만적으로 느껴진다. 여행자로서 지나가는 시간이란 많은 것에 대한 불편함이나 놀라움조차도 그냥 그대로 수용할 수 있다는 자세를 취하게 한다. 가끔 이유 없는 떨림을 아무것도 할 수 없이 참아내야 하는 것처럼. 자주 마주하지 않던 인내를 바람결에 찐득찐득 말라가는 땀의 자리를 보며 새삼 느낀다.

아주 약간의 사소한 불편함.

어쩌면 나도 모르게 나를 편안하게 해 주는 것들에만 기대려 했던 것은 아닐까. 완전한 휴식은 있을 수 없다는 것을 알고 있으면서도.

바르깔라에 도착한 때는 밤이다. 오토릭샤를 타고
바다 가까이 있는 숙소로 가니 한적하고 여유로운
바다 냄새가 나기 시작한다. 도착한 곳에서 짐을 풀
자마자 문 앞의 의자로 나와 낮은 숨을 쉬어 본다.
이 늦은 시간에 주르륵 옆에 앉은, 백발이거나 금발
인 노인들은 모두 책을 읽고 있다. 독서의 허공에 백
색의 파도가 천천히 몰려온다. 우렁차다. 고요 속에
서 더 거세게 존재 증명을 하는 것처럼 크고 위대하
다. 이런 파도 소리를 들어본 적이 있었던가. 이 바
다에 대한 상상으로 잠을 못 이룰 것만 같다.

아침에 일어나 마주한 해변의 모래
사장은 눈이 부셨다.

어디로 갈까.

길이 나 있는 곳으로 천천히 걸어 보
자. 있는 그대로 광활한 바다가 끝없
이 펼쳐졌다. 파도는 폭우처럼 밀려
든다. 그 압도되는 풍광에 정신을 놓
고 마냥 걷는다. 걷다 보니 절벽으로
올라가는 계단이 보여 조심스럽게
가 본다. 바다 위의 또 다른 바다는
어떤 풍경일지 상상할 수 없는 상상
을 하면서.

이런 광활한 바다 곁에 절벽이 높고 길게 형성되어 있는 것은 매우 독특한 광경이다. 절벽 위에는 아래쪽과는 별개의 생활이 존재한다. 관광 상품을 파는 곳과 레스토랑이 대부분이지만 조용하고 품위 있게 자연 일부와 잘 어우러진다는 느낌이 든다. 절로 기분이 좋아지기 시작했다. 태양은 바다에 녹아들어 투명하고 푸른 물빛을 만들어내고 파도 소리는 거대하게 공간을 끌어안는다. 눈이 너무 부셔 쳐다보기가 쉽지 않음에도 불구하고 바다를 향한 눈길이 끊어지지 않는다. 이런 상태는 여행자인 많은 이들이 다 그러해 보였다. 말 그대로 끝없이 바다를 본다. 중간중간 레스토랑의 위치를 바꿔 가며 짜이나 달착지근한 밀크커피를 번갈아 시켜가면서 바다와 대화를 시도한다. 그리고 또 아무 생각 없이 파도 소리를 베개 삼아 눈을 감아 본다. 자연에 다시 위로받는 기분이다.

밤에는 낮과는 다른 풍경이 펼쳐진다. 레스토랑의 곳곳이 화려하게 조명을 켜고 길가의 좌판에는 바로 잡아 올린 생선들이 다양하게 올라온다. 외국인들은 크고 먹음직스러운 생선들을 여럿 놓고 값을 흥정한다. 혼자인 나도 물고기 하나를 놓고 이런저런 흥정을 시도해 본다. 그렇게 결정된 요리를 먹기 위해 2층으로 나 있는 계단을 오른다. 위층에서 바라보는 저녁 풍경이 이색적이다. 파도는 여전히 소리 내며 다가오고 여기저기서 다양한 음악이 들려온다. 혼자여도 전혀 외롭지는 않은, 보는 것만으로도 즐거운 분위기가 있는 곳. 그러나 아무리 소리와 풍경에 도취되어도 자꾸만 내 가슴을 찌르는 통증이 있다. 나는 자지러질까 봐 얼른 카메라를 꺼내 든다. 악기를 연주하는 인도인의 통속적인 리듬에 귀를 기울이면서.

파도에
부딪히는
사랑의
내막

눈앞은 온통 새파랗게 채워지고
까마귀를 지저귐과
파도의 출렁임
설정 크게 느껴진다.
그럴록 조금씩 더 들어갈수록
보이는 건 선명한
기억의 넘어짐.

대도시인 티루바난다뿌람을 거쳐 '코발람'으로 왔
다. 이곳은 께랄라 주 제일의 휴양지로, 20세기 초
반 영국인들에 의해 개발되었던 곳이다. 오토릭샤
를 타고 언덕길을 한참 내려가다 보니 리조트와
호텔 등의 숙박업소가 보인다. 바다가 어디 있을
지는 감이 오지 않는다. 다만 짐 때문에 아래로 갔
다 다시 올라오기란 쉬울 것 같지 않아 괜찮아 보
이는 리조트 앞에서 잠시 내려달라고 요청했다.
관계자는 이 숙소 바로 앞이 바다라며 나를 안내
한다. 보이지 않던 바다가 펼쳐진다. 여기는 완전
히 숨어 있는 공간이다. 테라스 바로 앞에는 3층
까지 올라온 높은 야자수가 고개를 빠끔히 내밀고
있다. 손을 뻗으면 닿을 것 같지만 놓아 주지도 않
을 것 같다. 그곳에 놓여 있는 탁자와 의자도 인상
적이다. 나는 여기서 며칠간 마냥 묵기로 했다.

작은 바다를 돌아보기에는 한나절이면 충분할 것이다. 내 일과는 바다가 보이는 탁자에서 시작해 누워서도 쉴 수 있는 긴 의자 사이의 간격에서 끝난다. 침대는 다만 긴 잠을 자기 위한 곳이다. 침실에 나 있는 작은 창으로도 바다는 충분히 보이지만 파도 소리를 듣기 위해서는 테라스로 나와야만 한다. 끊임없이 파도가 이야기를 들려준다. 모두에게 들리는 '바르깔라'와는 달리 나에게만 속삭이며 지극히 긴밀하고 촘촘하게. 평온하던 바다의 이미지는 이 한가로운 휴양지에서 쓰라리고 진득한 기억을 끄집어내기 시작했다.

이불을 뒤집어쓰고 울지 않으려고 발악한다. 눈물이 파도 소리에 묻힐 만큼만 흐르다 멈추길 반복한다. 아름다운 것들은 이처럼 변형되어 온 감각으로 찾아온다. 매우 차가운 바다의 온기가 때때로 몸 깊은 곳곳에 스미어 뜨거운 통증을 유발하듯이.

네가 꾸던 꿈, 내가 꾸던 꿈.
우리가 함께할 수 있기만을 기다렸던 시간.

잃어버린 게 있어도 괜찮을 줄 알았던 우리의 긴 시간은 한순간에 정말로 사라져버렸다. 사라지는 것들에 익숙했지만 그를 잃는다는 건 그런 것과는 별개의 문제였다. 더는 기쁨이 있을 수 없었다. 살아내야 할 이유도. 이제 이것으로 없어져버린 것만 같았다. 아마 처음처럼 마지막에도 그가 서 있었기에 더욱 그럴 수밖에 없었을지도 모른다. 처음과 마찬가지로 이 끝도 그때의 살아냄과 같을 수 있다면. 하지만 나는 분명히 명백한 이유를 잃었다. 몇 달간의 불면증이 왔고 잠에 치여 가끔 새우잠을 자면서 견딜 수 있을 때까지 기다린 다음에도 돌아오지 않는다면, 이라는 과제에 대해 생각했다. 악으로 나를 견디었으므로 다시 악으로 살 수 있을 것 같지는 않았으므로. 그리고 완전한 휴식은 없다는 것에 대해 다시 체감하면서. 그를 기다리는 동안 쉬지 않고 시간을 썼다. 무작정 배우거나 일하거나 운동을 하면서 단 1분이라도 쉬면서 나를 생각할 여유를 주지 않았다. 더불어 건강하지 않은 것들은 자칫 크게 부정적 요소로 자리 잡을까 봐 간신히 배제하면서 오직 그를 기다렸다. 제발 이 생에서 돌아오라고, 생각하지 않는 생각 속에서 그와 연결된 끈을 부여잡고 놓지 않으려 애쓰며.

그. 를. 기. 다. 렸. 다.

후회하고 아픈 기억이 너무나 많아서 견디지 못할 거라고 여겼다. 오직 바다에 깊숙이 들어가 있는 시간만이 지금을 살게 해 줄 무언가일 것 같아 떠날 채비를 했다. 비록 더 살아야 한다면, 인도의 바다를 꼭 보고 싶었다. 우리의 기억과 지난 시간을 잊으려 노력한다는 것은 무의미하게만 느껴졌기 때문에. 할 수 있는 한 최대한 그를 기억하는 것. 그것이 내가 할 수 있는 유일한 작업 중 일부가 될 것이다. 너무 소중했기에 더 이상은 바랄 수 없게 될지도 모른다.

바다는 바다다.

사람들은 햇빛에 일광욕을 하고 모래
는 부서지면서도 여전히 같은 자리에
머물고 등대의 불빛은 어김없이 같은
시간에 일대를 비춘다. 오랜 시간 그대
로 계속 이처럼 머물고 머무르며 오고
가는 이들에게 있는 그대로를 선물하
는 것. 바다가 해왔고 앞으로도 계속해
서 그렇게 될 일이다.

나는 어둑해지는 모래사장을 거닐다 뒤돌아서서 수많은 연인과 가족들 틈바구니에 비추는 인공적인 조명의 알싸한 나른함을 본다. 성공하지는 못하더라도 실패하거나 후회하지 않는 삶을 산다는 것이 얼마나 어려운 일인가에 대하여, 그리고 한편으로 그런 건 어린 시절 지나갔던 예고편에 어느 정도 드러나 있을 수도 있을 거라는 생각을 하면서.

시간의
불협화음

어딘가의 끝을
찾아간다는 것은
참회의 기도를
올리는 것과 비슷하다.
나는 언젠가부터
그런 공간을 찾아
속죄를 구하는 기도를 했다.

눈앞에 보이는 낡은 버스에 올라탔다. 사람이 채워지면 '깐야꾸마리'로 출발한다. 사람들은 무거운 짐 가방을 하나 혹은 둘 이상씩 둘러메고 들어오기 시작한다. 어린 소녀부터 청년, 중년에서 나이 든 할머니까지. 그들은 혼자이거나 여럿이 긴 여행을 결행하고 가는 것처럼 묵직하고 고요하게 각자의 자리를 맡은 채 버스가 떠나길 기다리고 있다.

아주 뜨거운 햇빛이다. 짐 가방 두 개를 분산시켜 옮기려는 나는 가방끈에 걸린 선글라스의 왼쪽 테를 어쩌지 못해 급기야 부러뜨리고 만다. 가져온 두 개 중 보다 아끼는 거였는데 망가져 버렸다. 그래도 에어컨 없이 모두 열린 창이 있는 이 낡은 버스에서 앉아갈 수 있다는 사실만큼은 상당히 운이 좋은 경우다. 가는 동안 여러 곳의 정류장을 경유하고 바람은 햇살의 흐름을 타고 안으로 지속해서 날려 온다. 피할 수 없는 바람이 오랜 시간 내 얼굴을 훑다가 사라진다.

도착한 깐야꾸마리는 낯선 감각이다. 여느 시골의 한산함과 일종의 냉랭함, 주변의 많은 여행객의 시끌벅적함이 부자연스럽게 얽혀 있다. 채식 위주의 많은 식당과 단체로 온 순례자들과 가족 무리가 뒤섞이고 관광 상품을 파는 가게와 여행사가 여기저기 보인다. 여기에 사는 사람이라고 생각되는 이들은 모두 께랄라 주에서 보았던 주변인들과는 또 다른 이미지다. 땅끝 바닷가 특유의 거칢도 담겨 있다. 무엇보다 인도인들에게 신성시되는 공간으로 꽤 중요한 곳이며 해가 가장 먼저 뜨고 지는 곳이기도 한 깐야꾸마리는 아늑함보다는 차가운 분위기가 먼저 드는 것이다.

바다가 바로 보이는 숙소에 머물기로 한 건 오로지 인도의 태양을 가장 먼저 보고 싶다는 생각 때문이었다. 허리가 구부정하고 얼굴에 거무튀튀한 큰 반점이 서너 개 드러나 보이는 벨보이가 나를 안내한다. 방 바로 앞은 옥상이다. 옥상에서는 이곳에서 가장 유명하다는 두 개의 섬이 보인다. 그 앞으로 바다의 모든 색이 한데 모여 각기 멋대로 출렁대고 있는 또 다른 세계의 바다가 펼쳐진다. 아라비아해, 벵골만, 인도양이 만나서 만들어내는 풍경이다. 섞여 있는데 섞여 있지 않다.

수많은 파도는 일률적이지 못하고 작고 높게 부서져 쉬지 않고 울렁거린다. 파도는 우리가 볼 수 있는 눈앞에까지 당도해 사라지는 게 아니라 아주 멀리서부터 재빠르게 다가오는 듯하다가 중간에 고요히 소멸해 버린다. 그렇게 사라져 일반적 파도의 형태를 갖추지 못한다. 신성함이란 이토록 차갑고 시린 바람의 이면이었던가. 거세게 부는 바람에 몸이 흔들려가며 바다가 아닌 낯선 하늘을 바라본다.

페리를 타고 5분 정도 가서 두 섬의 하나를 따로 찾아간다. 섬에서 마주하는 망망대해의 끝. 끝 속의 중간. 잠시 그 내면에서 바라보는 절규와도 같은 적요. 낯설지 않다. 들여다볼수록 이것은 내가 지난 과거의 전면과 닮아있다. 울어도 들리지 않고 소리쳐도 세어 나가지 않던 절망처럼. 어둠 속에서도 더 깊은 구멍을 찾아야만 했던 난 소리가 나지 않지만, 매우 시끄럽게 여겨지는 허공의 가시밭길을 홀로 걷고 있었다. 홀로 허공을 걸을 때면 달그락달그락 혹은 아사삭아사삭 무수한 소음이 귀청을 때렸고 자유 의지와 상관없이 흘러나오는 독백의 조각들을 알코올 중독자처럼 웅얼거리며 뇌까렸다. 그는 그 소리를 들어 이해했을까.

허공에 대롱대롱 묶여 있던 나의 손을 잡으며 나를 살게 해 주고 싶다고 다짐했었을까. 아마 나는 그것을 정확히 알았던 것 같다. 그러므로 나는 이 사랑을 절대 떠나지 않겠노라고 스스로 약속을 해 버린 걸지도.

해가 뜨기 시작한다. 섬에서는 이미 기도가 시작되었다. 이야기를 하는 것처럼 길게 뿜어내는 기도 소리, 음악과 같은 화음들이 날이 밝기 전부터 거행되고 있었고 이것은 아마 매일 그러할 것이다. 소리는 움직이지 않아도 계속해서 움직이고 있는 연속적인 생명체의 끈기를 닮았다. 편안하지만은 않다. 이 푸른 빛 속에 과거와 미래의 비밀들이 잔뜩 숨겨져 있을 것만 같다. 원래 있었고 계속 생성될 것이며 각자가 그대로 여전히 진행되어 실타래를 만드는 것. 우리는 이 실타래에 엮여 있는 아주 미세한 입자이며 바람의 한 조각이다.

깐야꾸마리의 해변은 여러 곳에서 볼 수 있다. 그중 한 곳은 호텔이나 게스트하우스가 가장 많이 몰려 있고 오래된 시장이 형성되어 있으며 페리 선착장이 가까운 곳으로, 여행객들은 대부분 이곳으로 온다. 여기서 가장 가까운 바다는 어부들이 사는 마을과 연결되어 있다. 그리고 골목골목을 내려가 마주한 바다의 이편은 거의 쓰레기장에 가깝다. 축축한 냄새도 함께 올라온다. 땡볕이지만 스카프로 코를 막는다. 바다에서 솟구친 태양은 일그러져 찬란한 잿빛으로 물 위에 비친다. 어부들이 코가 높은 배를 끌고 나가 파도 한가운데 띄운다. 넘실넘실 타던 파도가 스스로 사라질 때까지. 계속해서 그리고 또 계속해서.

하루를 머물고 돌아가려 했건만 타밀나두 주지의 죽음으로 인해 모든 버스가 갑작스럽게 운행을 중단했다. 버스 티켓을 예약한 후 24시간 이후에 벌어진 일이다. 일찍이 정류장을 찾아가 기다리고 있던 나는 작은 매점의 한 아이로부터 그 사실을 들었고 곧바로 확인 차 예약한 회사의 부스로 가 보니 실제로 그러하다 했다. 결국 눈앞에서 버스를 못 타고 갈 데가 없어 허망해진 나는 무작정 차들이 다니는 도롯가로 나갔다. 갑자기 모든 차가 바쁘게 움직인다. 오토릭샤를 잡아 물어보니 지금은 오토릭샤도 이용하기 힘들어 두 배 이상의 요금을 지급해야 목적지까지 나를 태워 주겠다고 한다. 실제로 전쟁 통처럼 많은 사람과 차들이 어딘가로 바삐 움직였다. 짐들을 메고 거머쥔 채 나는 잠시 생각이라도 해 볼 요량으로 돌의자에 걸터앉아 숨을 가다듬었다. 뿌연 매연 속에 질주하는 회색 무리의 차량을 타인의 일인 양 그저 바라보기만 하면서.

갈 수 있는 곳을 갈 수 없고 지금 이후의
계획은 텅 비었는데 이제 무얼 하지?

시간은 점점 7시를 넘어가고 있었고 어
둑어둑한 그늘이 내려앉기 시작했다. 인
도인들도 값을 더 지급하고 오토릭샤를
타는 모양이다. 나는 다시 깐야꾸마리로
돌아갔다.

여행사에서 티켓을 환불받고 기존 목적지를 바꾸어 일단은 대도시인 첸나이로 가야 한다. 이 상황은 길면 몇 날 며칠 지속될 것이다. 다행스럽게도 기차는 운행을 한다. 기차표를 끊고 바다와는 동떨어진 골목길 안쪽에 자리한 게스트하우스에 하루를 더 머물러야 했다. 이것은 어쩔 수 없는 선택이다. 오늘만큼은 여기서 잠들어야 한다. 밖은 마치 불길에 휩싸인 후 남은 정적처럼 적막하다. 여행자들은 모두 어디로 간 것일까.

배가 고파서 눈뜨자마자 거리로 나왔다. 그러나 어제와는 다르게 문을 연 가게는 단 한 곳도 없다. 물어보니 대중교통뿐 아니라 가게도 영업을 하지 않는다고 한다. 주린 배를 붙들고 안 가 본 곳곳을 쏘다니기 시작한다. 간혹 혼자인 외국인들이 보인다. 그들도 왠지 지쳐 보인다. 자유를 닮은 쓸쓸한 배낭을 짊어지고 천천히 지도 위의 다른 길을 찾아가는 이들. 기차 시간은 저녁이다. 그때까지 최대한 곳곳을 배회해야겠다.

관광지에서 관광지 같은 기분이 빠지니 여유로움이 생긴다. 쭉 뻗어 있는 길을 따라 마냥 걷는다. 뜨거운 햇볕도 따사롭게 느껴진다. 사람이 많지 않으니까 주변을 더욱 세세히 관찰하게 된다. 확실히 어제와는 다른 분위기다. 여태껏 본 적 없는 걸인들도 보인다. 가족처럼 보이는 무리 몇몇이 바닥에 요를 깔고 타투를 해 주는 기계나 액세서리 꾸러미를 앞에 놓고 있다. 엄마로 보이는 여자는 어린아이들의 귀를 파주거나 무릎베개를 해 준채 졸고 있기도 하다. 간혹 악당같이 생기거나 그런 옷을 입은 아이들은 지나가는 사람들을 손으로 쩔러 세운 후 액세서리를 내밀고 뚫어지라 타인의 눈을 쳐다보며 '플리즈'라는 말을 연신 해댄다.

그 표정이나 행동은 귀여움과는 거리가 멀어 오히려 헛웃음이 나온다. 이들이 배운 건 구걸이 아니라 당당함이다.

새로운 바다가 보인다. 전혀 알 수 없었던 공간이다. 마음을 비우고 오로지 걷기만 하자고 했던 나에게는 카메라가 없었다. 그러나 이 바다는 발견되었다. 여기는 매우 푸르고 깨끗하고 참신하며 고요하고 평화롭기까지 하다. 저 두 아일랜드의 뒤편에 스스럼없이 유동하는 청명한 바다가 존재하고 있었다. 기쁜 마음이 들었다. 오아시스라도 발견한 것처럼 바다에 가까이 가기 위해 갈 수 있는 최대한의 길을 찾는다. 바다를 마주한다는 건 휴식에 대한 방점을 찍는 것과 마찬가지다. 더는 움직이지 않아도 되고 어딘가를 찾아 헤매지 않아도 된다. 그저 그 앞에서 파도가 주는 울림과 만나며 가끔 들르는 새들을 바라보며 아무것도 안 할 자유가 있는 것처럼 멍하니 앞만 보는 것이다. 그냥 이대로 끝나버려도 좋겠다. 인도에서 땅끝 바다까지 왔다. 어쩌면 나는 정말 죽고 싶었던 게 아닐까. 내 여행의 첫 시작은 애초에 잘린 나무뿌리처럼 바람결에 떠돌다 아득히 내려앉는 곳에서 서서히 사그라져 드는 게 목적 아니었을까.

.

길목에서
마주친
바다

잠시 지나가는 거로 생각했다.
통증의 길을 바꾸면
어떻게든 살아볼 수 있게
되리라고 여긴 것이다.
어둠 속에서 빛으로 가는 길을
찾아야만 한다.

타밀나두 주의 기운은 눅눅하고 침체됐다. 인도의 4대 도시 중 하나로 대규모 공업 도시인 첸나이도 마찬가지다. 애도의 물결이 여기 내리는 가랑비의 찌뿌둥함과 닮아 있다. 바로 다른 지역으로 가려고 했으나 갈 수 없었다. 버스 운행이 아직 원활하지 못했으므로 어쩔 수 없이 아무 데나 잘 수 있을 만한 공간의 숙소로 발걸음을 옮긴다.

짐을 풀어놓고 밖으로 나왔다. 식당에서 늦은 아침을 먹고 난 후 직원에게 바다가 어디 있는지 물어본다. 바다는 아주 가까이에 있다. 10분만 차를 타고 가면 볼 수 있는 거리란다. 나는 곧바로 첸나이의 마리나 비치로 갔다.

우산도 없는데 비는 그치질 않는다. 물론 가랑비이기는 하다. 끈적끈적한 청바지의 밑단을 털어내며 수많은 인파 속에서 해변으로 들어서는 입구를 찾는다. 걷고 있으니 언제 그랬냐는 듯 해가 들기 시작했다. 한창 더워질 차례. 해변으로 가는 초입에는 주스나 과자 등 주전부리를 파는 매점들이 있었고 주변 경관은 깔끔하고 단정했다. 그 뒤로 나 있는 길은 모래 운동장처럼 매우 넓고 길게 이어져 있을 법하다. 바다의 형태는 짐작이 되지 않는다. 다만 광활할 뿐. 한참을 걸어 들어가니 낙낙하게 여유를 부리고 있는 말들이 서너 마리 보였다. 그리고 끝과 끝의 길이를 가늠할 수 없을 만큼 거대한 바다가 펼쳐진다. 간혹 중간중간에는 자연스럽게 형성됐을 법한 모래 언덕도 보여 호기심은 증폭된다. 일단 계속 걸어 발을 담글 수 있을 만한 거리까지 가 보기로 하고 추적추적 대는 발걸음을 옮겼다.

인도에서 가장 긴, 13km나 된다는 마리나
비치의 첫 풍경은 파도 앞에 장식처럼 서
있는 수많은 사람이었다. 파도는 연속적
으로 밀려와 하얀 물거품으로 부서지며
가로로 길게 늘어서 있는 익명의 군중들
을 위안한다. 모든 이들이 바다를 찬양하
듯 바라보며 떠밀려진 쓰레기들의 한편
에서 오랜 시간 머물다 간다. 수영을 하는
이들은 없다.

모래사장 한가운데 있는 회전목마는 돌아가지 않는다. 언뜻 봐도 녹이 슬어서 사용할 수 없을 것만 같은데 이것은 분명히 아직도 사용되고 있는 거다. 아마도 밤이 내리기 시작하면 검은 주인은 이곳의 빗장을 풀고 필요한 곳 군데군데에 전용 오일을 발라 말들의 곡예를 시작하겠지. 나는 한참 동안 태양 아래 뜨끈하게 달궈진 철제 목마의 곁에 서서 첸나이의 밤과 수많은 인파의 화기애애한 왁자지껄함을 상상한다. 드넓은 광야에 펼쳐진 별들처럼 사람들은 꽉 차게 모여 저마다의 시간을 즐기는 방법을 찾는다. 인도의 바다는 광대한 고요함과 동시에 여유를 즐기는 저마다의 음악 소리가 가득하다. 그들은 달이 뜨기 시작할 때 손과 발을 조금씩 움직여 리드미컬한 춤사위를 만들어낸다. 천천히 돌아가는 회전목마가 그러하듯 어느 한 곳에 중점을 둔 채 바람과 별과 어둠 속 불빛에 어른거리는 각자의 그림자를 마주하면서.

홀로
가는
길

계속 움직인다.
쉴 틈을 주지 않는다.
바다의 곁이 아니라면
나에게 여유는 필요하지 않다.
나는 다만
바다의 적요와 마주하며
그들이 내는 소리를 길게 반추한다.

첸나이에는 어디로든 가는 버스가 많다고 들었다. 아직은 오전이라 나에게 시간은 충분하다. 제법 큰 공영 버스 정류장 안에 있는 매점에서 생소한 먹을거리들을 요기조기 훑어본다. 아침과 점심 대용으로 먹을 만한 것을 찾는 것이다. 퐁디셰리로 가는 버스는 바로 앞에 서 있다. 꽤 자주 출발하는데, 마침 물어본 한 대의 버스가 10분 뒤면 떠날 예정이라고 한다. 몇 개의 과자 따위를 사 얼른 출발하려는 버스에 오른다. 인도의 작은 프랑스, 퐁디셰리로 가기 위해.

무표정한 사람들이 몇 오르거나 내리고 아직도 해가 지지 않았을 때 나는 이곳에 도착했다. 플라타너스 가로수로 길게 뻗은 거리, 깔끔하고 정연한 질서가 느껴지는 곳이다. 인도가 영국에 의해 지배당했던 시절 유일하게 프랑스 식민지였던 탓에 도시 여기저기 프랑스풍 건물이 즐비하다. 확실히 어떤 이질감이 들기도 하고 한편으로는 아기자기하고 단아한 주택들이 편안함을 주는 것처럼 여겨지기도 한다. 하지만 그건 순간이었다. 내면에선 곧바로 찬 기운이 올라왔고 고급스럽고 깔끔한 건물이나 가게, 정연한 질서들은 딱딱하고 지루하게 느껴지기 시작했다. 피곤해서일까. 인도에서 인도답지 않은 기운이 왠지 너무 낯설어서일까. 우선 잘 공간을 찾아 쉬어야겠다. 별로 많지 않은 게스트하우스는 프랑스인들이 주인인 경우가 대부분이다. 나도 그런 곳 중 하나의 맨 꼭대기 층에 머물기로 했다. 숙박료는 다른 어디보다 비싸다고 들었던 곳이나 실제로는 다른 어디보다 비싸지는 않았다. 작은 방에 프랑스 스타일로 구성된 공간은 꽤 마음에 들었다. 이 방과 옥상이 바로 연결되어 있고 근처에서 높은 건물 중 하나이기에 여기에서의 밤은 편안할 것이다.

아침이 되자마자 숙소 근처의 바다
로 갔다. 동네는 깔끔하고 소나 양들
도 거의 없는 것처럼 보였다. 들개들
만 짓다 만 건물 어귀나 움푹 파인 도
로의 외곽에서 늘어져 잠을 자고 오고
가는 여행자들도 눈에 띄지 않는다.
청명하고 반듯하게 난 길들도 역시 인
도 같지 않은 공간이라 여기며 빈 거
리를 총총히 지나 바다로 향해 간다.

게스트하우스나 고급 호텔이 몰려 있는 프렌치
쿼터 앞의 바다는 도롯가를 끼고 길게 늘어서 있
는 제방과도 같은 곳 아래에서 펼쳐졌다. 조각가
의 손으로 일일이 다듬어 조성한 듯한 검은 돌 조
각 사이로 강렬하게 쏟아 부어지는 파도의 질서.
거세지만 환하고 맑게 정갈하게 부서진다. 파도의
넘실거림에도 어떤 예의가 있는 것처럼. 사람 대
부분이 거리를 두고 보는 이 바다는 마치 야외 광
장에서 마네의 '로슈포르의 탈출'이라는 그림을
감상하는 것과 비슷해 보였다. 나는 띄엄띄엄 돌
의 평평한 곳을 찾아 밟으며 아래로 아래로 내려
가 본다. 물과 가장 가까이 마주하기 위해. 그러나
이내 으르렁대는 파도에 멈칫, 다시 제자리로 돌
아간다. 바다와의 거리를 적당히 유지하면서, 어
떤 소음이나 내 생각이 투영되지 않은 순백에 가
깝다고 여겨지는 파도의 결을 오롯이 생각하면서.

그렇게 바다를 바라보며 길을 따라 걸으니 여기도 끝이 보이지 않는다. 적당히 어느 지점에서 발길을 끊어 오토릭샤를 잡는다. 퐁디셰리에 온 진짜 목적지, 오로빌(세계 최대의 공동체 마을)로 가기 위해서다. 그러다 알게 된 오로빌 비치를 먼저 들르기로 한다. 여기서 20분 이내의 시간이 소요되는 지점에 새로 발견된 또 다른 바다에 관한 그림을 그리며.

오토릭샤는 외지고 눅눅한 어느 길가에 나를 세워준다. 여기가 오로빌 비치라고는 믿어지지 않아 재차 물어보니, 저 침침한 작은 길을 따라 조금만 더 들어가면 바다가 보일 거라고 한다. 좁은 골목 입구에는 불량 학생처럼 보이는 인도인 몇몇이 오토바이를 탄 채 승강이를 벌이고 있다. 여기서 내려 버리면 무조건 저 길로 들어가야 한다. 아니면 갈데가 없다. 내릴까 말까를 잠시 갈등하다 내려 버린다. 오로빌과 가장 가까운 바다에는 무언가 특별한 게 있을지도 모른다. 나는 아무렇지 않게 그들을 지나가기 위해 작은 가방 안에 카메라를 쑤셔 넣고 보폭이 큰 걸음을 걸었다. 저들은 다만 저들끼리 화가 나서 싸우고 있으므로 바람처럼 나는 그저 지나가는 거다. 작은 길이 어디까지 펼쳐져 있을지, 이 길의 생김새는 어떨지 모르지만 일단 바다로 난 통로로 진입했다.

무덤처럼 보이는 봉긋 솟은 형태에 색색이 색을 달리한 비석과 같은 것들이 제일 먼저 눈에 들어왔다. 그리고 말라비틀어질 것처럼 버석버석한 열대 나무들. 때가 되면 줄줄이 나갔다 들어오기를 반복할 많은 배와 관련 도구들이 무더기로 쌓여 있는 창고 수준의 정자와 소수의 마을 주민들을 위해 준비됐을 법한 고작 두세 개의 노점상, 수영에 대한 위험을 알리는 경고판과 폐허 어귀에 멋대로 자랐을 법한 이름 모를 풀이나 나무들까지. 평온함의 진풍경을 그리고 왔던 나에게 이곳은 척박함 속의 쓸쓸함을 날것으로 드러내 보여 주는 어두운 꿈의 구석진 어딘가 같았다.

그럼에도 불구하고 그런 생경함이 부드럽고 따뜻하게 여겨져 햇빛을 피할 수 있는 한 자리를 오래도록 잡고 앉아 붉게 휘몰아치는 파도의 넋두리를 감상한다. 아무도 오지 않는 바다. 간혹 들렀다 간다 하여도 사람이 아닌 것처럼 머물다 가는 것들. 내 곁으로는 종일 까마귀들이 와서 놀며 쉬다 흩어지곤 했다. 나는 다른 어느 곳도 아닌 여기 이 바다에서 따스한 휴식을 취한다. 일광욕을 즐기듯 여유를 부리며 몸을 뒤로 뉘여 물길에 감겨드는 나를 떠올리면서. 공포와 밀접하게 닿아 있는 긴장감 뒤의 노곤함을 평온의 다른 색상으로 치장해 보기도 하면서. 이렇게 다만 홀로 바다 곁에 누울 수 있는 나 자신의 지금을 묵묵히 바라보면서 바다의 쓸쓸함을 나의 머리와 몸과 슬픔 속에 충분하리만치 채운다.

시간은 흐른다. 이미 흘러왔고 지속해서 어딘가
로 지나가고 있는. 그 곁에는 붙잡고 싶은 순간들
도 있었다. 하지만 많은 건 몹시 불안정했고 진짜
라고 믿는 것들은 걸림돌이 되는 기계 장치에 온
몸과 정신이 말려들어 갔다. 끝이어야 할 밤들을
여러 번 지새우고 검붉게 파열되는 실핏줄의 끊어
짐을 헛헛하게 바라보는 동안 시간은 원래 그렇듯
흐르고 또 흘렀다.

눈을 뜨고 문밖으로 외출 나갔다 돌아온 후에는 세계와의 괴리감이 무한 속도로 상승했다. 연결될 수 있는 스마트폰의 온갖 어플, 언제든 알 거나 주고받을 수 있는 수많은 것들과의 소통의 장이 내부의 어딘가로부터 고장 나 버렸다는 느낌이 드는 것이다. 어쩌면 나는 꽤 오랫동안 사람을 만나지 않았던 걸지도 모른다. 나에게 고통은 우물에서 길어 올리는 텁텁하고 진득한 물의 한 모금처럼 자주 찾아와 짙게 스미어 슬픔과 만나게 했다. 울리지 않는 울음은 때때로 진동처럼 웃음으로 비적비적 튀어나왔고 눈물은 연기자의 노력처럼 이따금 눈가나 귓가 어딘가에 맺히곤 했다. 아주 오래전부터 끝나지 않는 울림. 그럴 때마다 친구처럼 괴로움은 또다시 나에게로 찾아오곤 하는 것이다. 부서져도 끝나지 않을 잘못 맞춰 놓은 기계의 미래 부속품과 같이, 간간이 그러나 잊지 않고 그것은 제시간에 돌아간다.

사람들이 온다. 때로는 여럿이서 또 때로는 혼자서. 어떤 늙은 외국인 남자 한 명은 음악이 나오는 라디오를 내 앞 모래 더미에 멋대로 꽂아 놓고 겉옷을 모두 벗은 채 붉은 바다로 뛰어들어간다. 라디오에서는 베토벤의 교향곡이 흘러나오고 있었다. 그 뒤를 따라 한 무리로 온 인도인들도 누가 먼저랄 것도 없이 옷을 벗고 달린다. 위태로워 보이는 물놀이다. 그들은 단 몇 분 만에 물속을 나와 곧바로 다른 곳으로 돌아갔다.

다시 오토릭샤를 타고 오로빌 마을로
갔다. 울창한 숲길을 따라 한참을 들어
가니 맞은편에서 오토바이를 타거나 자
전거를 탄 외국인들이 무더기로 쏟아져
나왔다. 여행자로 만은 보이지 않는 여
유로움과 무던함이 그들 사이에 있다.
마을 사람인가. 어쩌면 모두 다 오로빌
리언일지도 모른다. 남녀노소 혼자나
둘이서 타고 있던 오토바이가 가장 매
력적으로 보였던 순간이다. 한 번도 타
지 않았던 두 발 달린 탈 것에 대한 낭
만이 생성되는 지점이다. 여기서는 모
두가 아주 느린 속도로 표정이 거의 없
는 미소를 머금은 채 그저 달린다. 달린
다는 표현보다 유동하고 있다는 표현
이 더 어울릴 정도로 천천히 그러나 자
유로운 걸음으로 어디를 향해서인지 잘
알 거나 혹은 전혀 모르듯이.

깊은 바다 곁, 그 함성의 음악에 사귐이 있다
난 사람을 사랑하지 않는 게 아니라
자연을 더 사랑한다

로드 바이런, 〈길 없는 숲에 기쁨이 있다〉 중

마말라뿌람

예측하지
못한
시곗바늘

순서된다는 것은
차곡차곡 쌓이는 우리의 시간이
증명하게 되리라.
그 순간은 오늘의 거품으로 넘쳐흘러
아파도 아팠던 것이 아니 되고
슬픔도 결국은 피어버릴 것이다.

버스를 타고 가다 얇은 바다가 대지를 스미듯이 적시는 은빛 물길을 보았다. 물은 보드라운 한지에 먹이 배어드는 것처럼 땅에 젖어들면서 사라졌다. 바다의 끝인가 중간인가. 길은 이어져 있는데 거대한 파도는 없다. 멀리서부터 아련히 놓여 있다고 여겨질 만한 바다가 잔잔한 물의 흐름으로 어느 공간의 지점에서 멈춰 있을 뿐이다. 내려서 저 길에 서 보고 싶다. 바다도 아니고 길도 아니고 물도 아닌 것처럼 여겨지는 망망대해의 환상 속으로.

석공예로 유명한 '마말라뿌람'에는
아직도 대를 이어 작품이나 물건
을 만드는 많은 이들이 있다. 그들
은 대부분 자부심이 넘쳐흐른다. 나
는 숙소를 찾아가는 길목에서 가게
안이나 밖에서 줄곧 돌을 깎고 다듬
는 이들을 발견할 수 있었다. 진열
대에는 각종 모양새의 장식품들이
놓여 있고 많은 여행객이 작은 숍의
안이나 밖으로 모여들어 구경을 한
다. 조용할 것이라고 예상했던 것과
는 달리 오래된 왁자지껄함이 느껴
진다. 그것은 시간이 흘러도 여전히
유지되는 돌 조각의 근원적인 형태
와 닮았다. 이끼가 끼고 팔이나 다
리 정도가 갈라지게 된다 하여도 애
초에 그게 무엇이었는지가 그대로
짐작되는 것이다. 돌의 마을에는 과
거의 시간이 오롯이 머물러 있다.

게스트하우스에서는 파도 소리가 들렸다.
대문을 빙 돌아 몇 걸음 나가면 바다 앞이
다. 일단 생활 예술가들을 만나기 전에 바다
의 곡성을 들어야겠다. 이곳은 바다와 함께
조성된 동네 그 자체다. 나는 바다의 생김새
보다 소들과 배들과 어부들 또는 해변에서
직접 만든 액세서리를 파는 어린 소녀들의
어우러짐에 자주 눈길이 간다. 소들은 가족
단위로 모여 심심한 하루를 영위하고 있다.
그들 곁에 가 가만히 앉아 있으니 기묘한 편
안함이 전해진다. 해변 끝으로 이어진 또 다
른 길과 바닷가 앞 유명하다는 템플도 있다.
나는 끝으로 걸어서 가 본다. 오늘은 날이
제법 시원하고 포슬포슬하다.

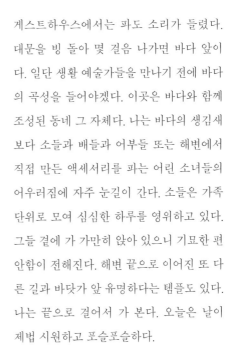

바위 사이로 혹은 바위 위를 밟고서 높이
오르거나 내리며 다니다 보면 아주 개인
적으로 마련된 공간들을 만난다. 멀리 옆
에는 일부러 이곳을 찾아 숨어 온 젊은
인도인 커플도 있다. 바위틈에 앉아서 보
는 바다의 옆은 기존에 마주하던 바다의
전면과는 다르게 친절하고 생기 있는 자
신의 맨살을 드러내 준다. 물에 가장 가
까이 닿아 있는 어떤 바위에는 동굴 같은
구멍이 나 있기도 하고 아예 누군가 작정
하고 쉴 곳을 후벼 파 놓기도 했다. 그 바
위들을 정확히 훑고 지나가는 뒤편으로
내가 머무는 지점의 마을이 펼쳐진다. 그
곳의 다소 복잡하게 구성된 레스토랑이
나 게스트하우스의 어우러짐이 소란스
럽게만 여겨지지는 않는다. 파도의 물결
은 낮고 물빛은 밝거나 어둡지 않으며 어
디에나 있는 풍경처럼 자연스럽게 조성
되었다.

뒤쪽으로 나 있는 돌길을 따라 조금 걸으면 인도 현지인들만 모여 있는 해변으로 진입한다. 장사꾼처럼 보이는 사람들은 바삐 움직이며 모래사장에 무언가를 세우고 정비하고 있다. 가족 단위로 온 인도인들은 오락거리 중 하나인 말타기를 하기도 하고 여기저기 카메라를 들고 인증샷을 찍는 젊은 커플도 가득하다. 가히 메인이라 불릴 만한 아까의 그곳과는 전혀 다른 풍경이다. 축제처럼 새로운 전경들이 모락모락 피어나는 시간은 노을이 지고 이제 막 붉은빛이 어둑어둑하게 익어갈 때다. 갓 잡은 생선 통을 들고 와 벌판 한가운데 자리 잡은 화로에서 직접 구워내 철판에 올려놓는 이들도 있다. 물어보니 값은 50루피라고 한다. 나는 거의 비슷하게 생긴 생선구이를 늦은 점심에 바다가 보이는 레스토랑에서 400루피를 주고 먹은 기억이 있다. 싼값의 생선을 여럿 사 들고 돌아가고 싶지만, 지금은 어둠이 깔려버리기 직전의 시간이다. 야시장에서만 형성되는 즐거움을 찰나의 형태로만 새긴 채 왔던 길을 도로 가기 위해 발걸음을 재촉한다. 그렇게 하지 않으면 이제 막 세워졌다 신기루처럼 사라질지 모를 바다의 중간 어디쯤에서 혼몽하게 길을 잃어버릴 것만 같아서. 그러나 숙소로 돌아가는 길에 날은 완전히 깜깜해졌다. 나는 아까 쉬었던 바위의 틈바구니에서 실제로 잠시 길을 잃어버렸다.

여기서는 정전이 자주 일어났다. 2박 3일 동안 한 번도 드라이기를 켤 수 없을 정도로. 갑작스럽게 시작된 정전은 몇 시간이나 이어졌고 나는 거의 매일 젖은 머리로 축축하게 방을 뛰쳐나왔다. 방의 모양을 제대로 본 적이 없을 정도로, 아주 어두울 때만 눈을 감고 잠들어 버리곤 한 것이다. 떠나는 날 아침에는 정전 시간이 더욱 심각했고 문밖에서 전봇대가 뽑힐 것만 같은 굉음과 파도의 울부짖음을 들었다. 폭우가 내리고 있었다. 어딘가에 분명히 있을 우비를 가방 안에서 찾아 꺼내 입고 밖으로 나왔다. 거센 바람과 함께 빗물이 흐트러지며 보잘것없이 얇은 우비의 아랫자락을 흔들었다. 바지는 이미 다 젖어버렸다.

비 오는 바다를 보러 바닷가 바로 앞의 레스토랑으로 달려갔다. 사람은 여기에 단 한 명도 없다. 나는 빗물이 덜 들이치지만 바다가 제대로 보이는 나무 탁자에 넋이 나간 사람처럼 앉았다. 추워서 몸이 떨려오는 내가 안타까워 보였는지 젊은 아르바이트생이 주문도 받기 전 커다란 수건 한 장을 가져다준다. 담요처럼 두르니 한결 낫게 여겨져 한참을 유유자적 비 내리는 바다를 구경하고 싶은 마음이 든다. 적어도 오늘만큼은 비를 피할 방법이 없다는 것을 알고 있으니까 더욱더, 이 갈라진 경계의 감정이 명료해진다.

빗발은 점점 더 굵어지고 있다. 내가 탄 낡은 버스는 망망대해의 바다와 비의 사이로 들어갔다. 얼마나 더 흔들려야 할까. 오래 견디었던 나무둥치가 뽑혀 공중에서 흩어지고 바람은 정확한 방향을 제시하지 못하며 베테랑인 운전사들은 힘겹게 안정을 유지한다. 어쩌면 진짜 하고 싶은 말에 대해서 지금 생각해내 버려야 할지도 모른다. 눈을 감고 기도하는 것이 아니라 투명하게 찬란한 이 물의 시간에서 두 눈을 똑바로 뜬 채 축축한 시간의 무게를 양손에 쥘 수 있는 만큼 최대한 거머쥐고서.

연둣빛 녹음은 물의 푸르죽죽한 차오름과 함께 넘실넘실 곳곳에 흘러다녔다. 사람들은 정지한 듯 움직이지 않았고 오로지 바람만이 그것들의 사이를 유랑했다. 습기를 머금은 시간. 어떤 일이 일어나든 일어나지 않든 이것은 다만 지금 지나갈 뿐이다.

고카르나

숨겨져
있던
방

이 공기의 흐름과 별들의 자리,
이미 나 있는 길들을 찾아
자꾸만 안쪽으로 들어가다 보면
문득의 내가 살았던
공간을 발견하게 된다.

벵갈루루에서 밤 버스를 타고 '고카르나'에 도착한 건 아침 8시가 되기 전이었다. 작열하는 태양 빛이 밤잠을 설친 나의 목덜미에 뜨겁게 내리쬐다. 예약한 곳이 딱히 없으므로 고카르나에 있는 총 다섯 개의 해변 중 갈 만한 데를 선택해야 한다. 고카르나 비치, 꾸들 비치, 옴 비치, 하프문 비치, 파라다이스 비치. 특정한 정보가 없었기에 나는 주변의 현지인들에게 간략한 정보를 얻었다. 그리고 언덕만 넘으면 바로 보인다는 꾸들 비치로 가기로 했다.

꾸들 비치는 좁다랗게 난 계단을 한참 내려가야 있다. 그 아래로는 많은 코티지와 게스트하우스가 있다고 하는데 도저히 짐을 갖고 들어설 엄두가 나지 않는다. 다듬어진 길도 아니라 야생의 냄새가 풀풀 난다. 누군가에게 맡기지도 못해 무조건 가야 한다는 걸 알면서도 곧바로 진입하지는 못했다. 천천히 내려가 보자. 무거우면 쉬면서. 지금은 고작 아침 7시가 조금 넘었을 뿐이니까.

아침 산책을 나온 여행자들과 종종 마주치니 그들이 다정하게 인사를 먼저 건넨다. 여태까지의 여정 중 가장 평화로운 분위기가 든다. 요기(요가 수행자)와 히피들의 마지막 안식처라고 들었던 기억 때문인가. 이들은 단순한 여행자가 아닐 거라는 생각이 가슴을 들뜨게 한다. 가벼운 발걸음들은 여기저기서 지나가며 아침 해의 넉넉함을 고스란히 즐긴다. 잠이 부족하거나 어깨가 부러질 것 같은 통증과는 전혀 상관없이 고카르나에서 맞는 하루가 매우 기쁘게 느껴졌다. 숙소는 눈에 제일 먼저 띄는 바다의 전경이 눈앞에 드러나 보이는 작은 게스트하우스로 결정했다. 더 마음에 드는 공간을 찾으면 그곳으로 옮겨 장기간 머물기로 생각하면서.

짐을 놓자마자 바다를 더 가까이 보기 위해 뛰쳐나왔다. 꾸들 비치 앞으로는 각양각색의 레스토랑이 즐비하다. 어디로 갈까. 어디로 가든 모두 좋겠다. 나는 해변의 끝 바위 언덕에 자리한 곳에서도 파도 소리가 들릴 만한 위치까지 테라스를 빼 파도의 넘실거림이 눈 아래 그대로 펼쳐지는 한적한 테이블로 갔다. 뜨거운 인도식 밀크커피가 몸속으로 퍼지는 부드러운 노곤함을 파도의 곁에 스스럼없이 풀어헤쳐 놓으니 여기가 꿈속 같았다. 나는 금방이라도 사랑에 빠진 사람처럼 이곳에 젖어들었다.

눈이 부시다. 찬란한 햇빛 아래를 소들이 여유롭게 쉬며 거닌다. 이곳은 아침부터 혼자 오거나 무리로 오는 배낭여행자의 발길이 끊이지 않는데도 북적거림이 없다. 그들의 말이나 행위는 어딘가 흡수되어 멀리 날아가 버리는 것만 같다. 들판처럼 무르익은 해변에는 수영을 하고 걷고 일광욕을 하는 이들로 가득하다. 시간의 한쪽을 떼어내 필름의 한 조각처럼 걸어 놓아야 한다면 바로 이 풍경처럼. 시간의 형태가 촉각과 시각, 후각의 감각 등으로 총체적인 진행을 하고 있다. 아마 나는 이 짧은 순간을 결코 잊지 못할 것이다. 모래사장 위로 스미는 빛의 한 자락이 번뜩이며 나의 미래에 투명한 수를 놓는다.

저녁이 되니 더 많은 사람이 몰려와 모래 위에 각자의 자리를 하나씩 만든다. 고슬고슬한 모래는 갓 세탁해 정비해 놓은 침대 위의 하얀 시트의 설렘과 닮았다. 이곳에 누워 쏟아지는 별들을 한없이 마주하고 싶다는 생각이 든다. 이 생각은 너무나 강렬해 나는 이곳에 머무는 중의 몇 날 며칠을 실제로 바닥에 누워 별들을 바라보는 많은 시간으로 보냈다. 파도는 아주 고요하게 요동친다. 밤에는 새까만 하늘이 총명한 눈동자처럼 바다와 맞물려 있고 별들의 위치는 확인하기 어려울 만큼 빼곡하게 들어찬다. 밤새 해변을 걸어도 숙소가 코앞이다. 돌아갈 걱정을 하지 않고 충분히 이 길들을 걸어 다니다 코티지로 돌아가 문만 열고 누우면 되는 것이다. 바다 앞에서 바다와 마주하며 바다의 생기와 나의 시간을 쇠줄로 엮듯이 묶어 가면서. 나는 돌이킬 수 없는 과거의 혼탁한 이야기들을 까맣게 잊은 채 이 밤의 소리 없는 고요와 몸을 섞었다.

잠들지
않는
바다

나는 바람의 갈래가 되어

여기저기 흩어지며

스스로 유영하다 소멸하는

아주 작은 점들처럼

기꺼이 생의 마지막을

완미들일 수도 있겠다.

고카르나에서 고아로 가는 버스는 이른 아침 시간에 딱 한 대가 있다. 시간을 맞추기 모호하다고 판단한 나는 고아 가는 길을 둘러보겠다는 마음으로 별도의 택시를 예약했다. 12월의 마지막은 인도의 고아에서 보내기 위해.

베나울림과 콜바 해변은 걸어서 10분 정도 거리에 서로 이어져 있다. 나는 그 중간쯤 어딘가에 머물게 되었으므로 베나울림을 시작으로 콜바까지 마냥 한 번 걸어 보기로 했다. 이국적으로 보이는 다채로운 숍들과 외국인들이 많아 인도가 아닌 다른 동네라는 기분이 여실히 든다. 삼삼오오 무리 지어 다니는 젊은이나 가족 혹은 노인, 하물며 자전거를 타거나 오토바이를 타고 다니는 나 홀로 배낭족도 눈에 자주 띄었다. 한가로움이 느껴지는 햇살에 딱 어울릴 만큼만 적당한 사람들이 길거리에 흩어져 돌아다니고 있다. 적적한 공간에서는 버펄로나 야생 돼지들이 돌아다니기도 하는데 인도 돼지는 여기서 처음 보았다. 그들은 배가 고픈지 주위의 먹을거리를 찾아 정신없이 헤매고 있다.

우선은 베나울림에서 주스라도 한 잔 마시고 본격적으로 해변을 걸어 볼 요량으로 굽이굽이 난 골목길을 느린 걸음으로 걷는다. 곳곳엔 별의 모양을 한 장식품과 같은 것들이 여럿 걸려 있다. 개인 소유의 집에도 있고 누구의 소유도 아닐 나무나 하늘과 닿은 전선 줄 어디에든 그 별은 걸려 있는데, 투명함에서부터 붉거나 파란 색감들로 화려하게 치장되었다. 고카르나의 수많은 별이 자연스럽게 떨어져 내리고 있었다면 고아의 별들은 인위적으로 분명하고 강렬하게 공간을 물들이고 있다. 해변으로 가는 길은 생각보다 멀었고 가는 동안 세 명이나 되는 인도인에게 재차 확인을 받았다.

작열하는 태양. 챙이 큰 모자를 눌러 쓰고 선글라스와 여름용 파시미나로 무장을 해도 소용없을 정도로 햇살은 뜨겁게 온 대지와 물의 바깥을 달궜다. 모래사장으로 들어서자마자 눈에 보이는 카페로 들어갔다. 파라솔이 없는 의자는 앉을 수도 없어 일어난 김에 안쪽 깊은 곳으로 간다. 직원들도 그걸 아는지 햇빛이 전혀 와 닿지 않았던 자리로 나를 안내했다. 점심시간이 지난 오후 2시의 여기는 사람이 없다. 대신 그 앞으로 잔뜩 마련된 선베드는 남녀노소 할 것 없이 꽉꽉 들어차 있다. 저기에 앉아서도 무언가를 먹을 수 있다는 건 나중에 알았기에, 난 가게 내 깊숙이 그늘진 탁자에 앉아 잠시 머물며 쉬었다.

여기에서 콜바 해변까지 이어진 길은 눈에 보이지 않을 만큼 멀다. 어림잡아 짐작도 되지 않지만 가는 게 가능하다는 말에만 의지한 채 그냥 걷기로 했다. 주변의 모든 것들이 하나의 점들로 보이기 시작한 것은 처음부터 마찬가지였다. 너무 길고 넓은 백사장 안에서 대부분은 점점이 찍어 놓은 물빛에 지나지 않았다. 거칠지 않은 파도와 동화가 될 때는 더욱더 그들의 존재가 아련해진다. 끝나지 않을 것 같이 길기만 한 게 아니라 넓고 거대하다. 해변 앞에 자리한 숙소에 머문다 하더라도 파도 소리를 듣는다는 건 불가능할 만큼 바다와의 거리는 멀고 고즈넉하다. 바닷속으로 들어간 이들이 물밑으로 사라져 버린다고 해도 무척이나 자연스럽게 어우러질 법한 풍경. 그래서 이곳은 많은 이들이 몰려오는 공간이어도 개개인의 시간이 보장되는 것처럼 느껴진다. 드넓은 바다가 포용하는 건 평화와 안정 그 이상이다.

나는 한 없이 걷는다. 걷다가 뒤돌아보아도 같은
자리 같은 공간이 펼쳐질 뿐이지만 황량하지 않으
므로 그냥 걸으며 울림과도 같은 자신의 목소리를
새롭게 마주한다. 이로써 2016년도 한국의 12월
은 인도의 여름으로 멋진 시간을 추억하게 될 수
있게 된 거라 여기며 홀로 보낼 바다의 밤들을 위
해 자리를 내어 줄 것이다. 나는 음악이 쿵쾅거리
는 가장 큰 레스토랑 앞 선베드에 누워 이 바다에
밤이 오는 순간을 묵도하듯이 바라본다. 모래사장
위 빈틈없이 놓여 있는 테이블 위에는 하나둘 붉
게 타오르는 촛대가 놓이기 시작했다. 곳곳에서는
다국적 여행자들이 알아들을 수 없는 말과 환희로
각자가 가진 시계태엽을 돌리고 있다.

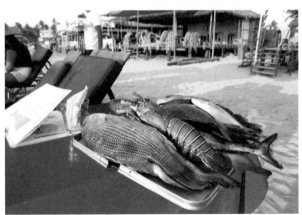

고아, 허허벌판과도 같은 모래사장에는 간헐적으로 GOA라
는 글자가 새겨져 있다. 파도가 여기까지 닿지 않는 한 고아
의 축제는 영원히 계속될 것을 암시하는 것처럼. 고아는 히피
들에게 안식처와도 같은 곳이다. 이곳은 1960년대 유럽의 히
피들에 의해 발견된 이후 많은 우여곡절을 겪었고 지금은 여
러 해변 중 몇몇만 한적함과 평화로움을 유지한 채 그 명분을
지켜내고 있다. 그런 공간의 하나인 베나울림은 덜 변하고 덜
오염됐으며 조용히 있는 그대로 머물러 있는 편에 속한다. 고
아와 관련된 글과 사진을 바탕으로 제일 먼저 가 보고자 선택
한 해변이 여기인 것도 같은 이유에서다. 방랑자들이 머물렀
던 곳을 지나쳐 가는 일이란 지난 시간의 내 흔적을 어떤 식
으로든 들여다보게 되는 계기를 준다. 마냥 바다가 좋아서 산
이 좋아서 다만 떠나는 그 자체가 좋아서 여행자가 되고 싶어
했던 시절. 어느 곳에도 존재하지 않을 익명의 그림자처럼 이
곳저곳을 돌아다녀 보고 싶은 게 소망이었던 때. 나는 그것이
사랑과 함께할 때 완전한 여행자가 될 수 있으리라는 막연한
기대가 있었다. 영원한 삶의 동반자를 만나고 그와 함께 생의
낯선 곳들에서 영원히 끝나지 않는 이야기들을 써 내려가는
것. 길 위에서 삶의 이모저모를 만나는 일은 그와 함께여야만
온전할 수 있다고 믿었다. 다만 사랑했기 때문만이 아니라 그
리고 역시 사랑하고 있었으므로.

빛을 잃은 별들은 있어도 있는 것과 같지
않게 느껴질 때가 있다. 이미 슬픈 사랑은
극복될 수 있는 문제가 아니었을지도 모른
다. 극복되지 못한 사랑은 그것의 본질이
무엇이든 실패하게 되고 해결되지 못한 시
간은 살아있는 동안 줄 수 있는 최대의 고
통을 생성해낸다. 몸과 마음은 또다시 균열
을 일으켜 무형의 시간에 잦은 금을 내고
축적된 인내를 어둠의 벌판으로 끌어당긴
다. 우리는 별다른 이유 없이 과거의 통증
으로 인한 쓰라림에 자주 노출되었다. 누구
의 잘못도 아닌 각자의 무게가 다만 견디기
어려운 그 무엇으로부터. 어쩌면 잡고 있었
던 팽팽한 줄이 한계를 드러내며 급하게 허
공으로 튕겨져 버린 걸지도. 무채색 희끄무
레한, 향기가 없이 공중을 떠도는 가녀린
시간 속의 너와 나의 자리.

나는 출렁거리는 밤의 화
려한 축제 속에서 빠져나
와 과거의 모든 시간에 마
침표를 찍는다. 2016년 12
월 31일 함피로 가는 야간
버스는 그렇게 눅눅하지
만은 않기를 바라면서. 창
가의 모든 별들에게 의미
없는 안부를 묻는다.

HAPPY NEW YEAR

디우

가득
찬
마음

고비를 만날 때마다
찾게 되는 것이
늘 자연이었던 것처럼.
그것은 언제나 오롯이
고귀한 형태로
영원히 내게 머물 줄 알았다.

거의 마지막에 왔다. 내가 지정한 여행의 바다로
는 여기가 종착지다. 모든 바다를 다 보진 못했지
만, 구자라트 주의 바다를 본다는 것은 남은 한 편
의 영화를 드디어 보게 되는 것과도 같은 완료적
설렘을 주었다. 디우는 인도의 북서쪽에 있는 한
가로운 바닷가 마을이다. 200년 전에는 주요 항구
도시이기도 했던 곳이고 고아와 마찬가지로 포르
투갈의 식민지였었다.

중심 해변은 나고아지만 한적한 잘란다르 근처에 짐을 풀었다. 밤이 무르익으니 시장 구경을 갔다 오는 길 밖으로 환하게 불빛들이 켜진다. 여기는 여태껏 보아 왔던 지역과는 다르게 자유롭게 술을 마실 수 있는 바나 카페들이 성행한다. 양주의 종류는 다양하고 사이즈별로 구하는 게 충분히 가능하다. 원목 네모 반듯한 테이블들이 서너 개 갖춰져 있는 작은 가게들은 늦게까지 현지인이나 관광객을 상대로 영업을 한다. 주변에는 항구며 수산 시장이 있어 각종 해산물도 싸게 구해 먹을 수가 있다. 남인도에서 보아 왔던 풍경과는 매우 다른 이곳이 독특한 분위기가 형성되어 있는 별개의 작은 섬나라처럼 느껴졌다. 모락모락 피어나는 색색의 향연이 여기저기 들뜬 꽃내음처럼 어렴풋이 눈가에 머물다 사라진다.

이곳에 도착한 날부터 달은 꽉 차올라 스스로 어둠의 곁을 밝히고 있다. 밤이 내려앉은 다음에도 곧바로 숙소로 돌아가지 못하는 까닭이다. 시장통처럼 좁고 오밀조밀 몰려 있는 작은 가게들 사이를 왔다 갔다 하며 현지인들의 소소한 삶을 구경한다. 아마 여태껏 보지 못한 가장 본래에 가까운 실생활을 들여다보게 된 것일 거다. 이런 기분은 한국의 어느 거리 혹은 어느 시간과도 조금은 닮았다고 여겨졌다.

추억의 자락처럼 나풀거리는 시간의 한쪽이
뇌의 어딘가를 훑더니 금방 도망간다. 그러나
잡으려고 애쓰지 않는다. 놓쳐 버렸거나 놓을
수밖에 없었던 순간들이 밀물처럼 밀려들기
이전에 자신이 자신을 보호하는 것이다. 시려
지는 팔뚝을 얼른 감싸 안고 쇼핑이 가능할
곳들을 찾는다.

이곳엔 작고 큰 슈퍼마켓들이 많다. 더불어
인도의 향(인센스)도 종류가 매우 많아 어딜
가든 다양한 향기와 의미로 만들어진 것들이
존재한다. 나는 밤새 향이 피어오르는 세계
에 고요히 머물 것이다. 달빛이 쏟아져 내리
는 낯선 방 어느 창가에 지친 머리를 기대고.
잠들기 직전의 보이지 않는 것들에 대한 기
도를 올리며. 어쩌면 영원히 깨어나지 않아도
좋을 시간의 마지막에 대해 염원을 하면서.

잘란다르 해변을 아침에 갔다가 오후에도 가 보고 해가 질 무렵에도 갔다. 디우의 중심인 나고아 해변도 가 보았지만 잠시도 머물러 있지를 못해서다. 다만 그 주변을 산책하듯이 걸어 다시 이곳으로 돌아왔다. 여기에는 선셋 포인트로 지정된 공간이 있는데 해 질 녘의 경관이 아름답다. 크고 거대하고 소리 없이 물든다. 노랗게 익어가던 하늘이 급기야 어둠의 푸른 살들과 만나기 시작할 때 사방은 순간적으로 붉게 채워진다. 그 찰나가 매우 짧음에도 불구하고 우리가 느끼는 해 질 무렵의 시간은 꽤 길고 찬란하며 모든 의미가 함축되어 발하는 경지와 같다. 어쩌면 이 시간만을 위해 많은 힘을 쏟아 붓기라도 했던 것처럼. 심장의 고동은 빠르게 뛰고 급기야 고요히 가라앉으며 평정을 찾는다. 해가 지면 모두 돌아가겠지만. 이 시간이 끝나면 대부분 사라지겠지만. 끝이 아니라는 걸 깨닫는 것만이 유일한 희망이 될 수 있을 것처럼. 어쩌면 우리는 살기 위해 희망을 연속적으로 재해석하고 있는 걸지도 모른다.

오토릭샤를 타고 천천히 주위를 둘러보러 다니
다 이름이 없는 어떤 해변을 발견했다. 이곳은 사
람이 있던 적이 없었고 찾아오는 것 또한 허락하
지 않는 그들만의 고유한 영역처럼 보였다. 바다
에 다가갈수록 눈이 부시게 잔잔한 파도들이 밀려
들지만 별다른 흔적을 공유하고 싶은 마음은 없는
듯 심드렁하게 파도는 부서지고 있다. 간혹 곁에
있는 널쩍한 현무암 바위 사이로 물길이 치솟을
때만이 크게 한숨짓는 것과 같은 소리가 들렸다.
그렇게 오래된 소리는 누구를 위해서가 아닌 홀로
맴도는 노래의 박자를 위해서 햇빛과 달빛 사이를
한없이 오가며 흘러나왔을 것이다. 나는 더는 들
리지 않을 때까지 그 노래를 듣다가 바윗덩어리에
서 내려온다.

멀리서 오토릭샤의 운전사가 기다리고 있다. 바다 위의 벌판 뒤로는 작은 집들이 여러 채 몰려 있는 게 보인다. 하지만 그곳이 마을인지 아닌지는 알 수가 없다. 비현실적으로 너무나 비현실적으로 그곳은 아름답고 안전해 보이기 때문이다.

이제는 돌아가야지.

할 수 있는 한 할 수 있는 것들을 해 보기
위해서라도.

나는 차곡차곡 바다에서 주워 온 소리를 담
아 비행기에 올랐다. 이 물길이 흔들려 쏟
아져 버리기 전에 무사히 집으로 돌아갈 수
있기를 바라면서.

놀라운 소식이 담긴 창가에
긴장된 입술 위에
침묵을 초월한 곳에
나는 너의 이름을 쓴다

파괴된 내 안식처 위에
무너진 내 등대 불 위에
내 권태의 벽 위에
나는 너의 이름을 쓴다

…

자유여.

폴 엘뤼아르, 〈자유〉 중

이 책을 나의 첫사랑,
그리고 우리의 지난 시간에 바친다

바다로 나 있는 길

초판 1쇄 인쇄 2017년 09월 18일
초판 1쇄 발행 2017년 09월 25일
지은이 민영

펴낸이 김양수
편집·디자인 이정은
교정교열 장하나

펴낸곳 휴앤스토리
출판등록 제2016-000014
주소 경기도 고양시 일산서구 중앙로 1456(주엽동) 서현프라자 604호
전화 031) 906-5006
팩스 031) 906-5079
홈페이지 www.booksam.co.kr
블로그 http://blog.naver.com/okbook1234
페이스북 https://www.facebook.com/booksam.co.kr
이메일 okbook1234@naver.com

ISBN 979-11-961897-0-9 (03910)

ⓒ 민영